RIA KLEMMER

Gedichte aus meiner Welt

novum pro

www.novumverlag.com

Bibliografische Information
der Deutschen Nationalbibliothek:

Die Deutsche Nationalbibliothek
verzeichnet diese Publikation in
der Deutschen Nationalbibliografie.
Detaillierte bibliografische Daten
sind im Internet über
http://www.d-nb.de abrufbar.

Gedruckt in der Europäischen Union
auf umweltfreundlichem, chlor- und
säurefrei gebleichtem Papier.

© 2024 novum Verlag

ISBN 978-3-99131-085-3
Lektorat: Laura Oberdorfer
Umschlagfoto: www.pixabay.com
Umschlaggestaltung, Layout & Satz:
novum Verlag
Innenabbildungen: www.pixabay.com

www.novumverlag.com

INHALTSVERZEICHNIS

UMWELT

Trostlosigkeit 9
Wasser 11

JAHRESWECHSEL

Jahreswechsel 15
2020/21 17

UNANGENEHME GEFÜHLE

Enttäuschte Freundschaft 23
Verzweiflung 27
Feier mit Trübsal 29
Schwarzes Tier 33
Sisyphusvogel 37

ANGENEHME GEFÜHLE

Mein Paradies 43
Urlaub 2018 47

BESINNLICHES

Was ist Gnade? 53
Gestern-heute-morgen 55
Steine 57
Über den Tod hinaus 61

MITMENSCHEN

Ilja 65
Taufe von Ilja Paul 67
Freundin 69
Lebenspartner 71

BESCHÄFTIGUNG MIT DEM EIGENEN KÖRPER

An meinen Körper 75
Medizinische Wege 81
Hohes Gewicht 85
Auf der Urologie 91

UMWELT

TROSTLOSIGKEIT

Kein Lebewesen auf der Erde
würde seinen Lebensraum zerstören.
Die Menschen jedoch verschmutzen die Luft, die sie atmen,
das Wasser, das sie trinken,
den Boden, von dem sie sich ernähren.
Sie schädigen sich selbst.

Welt, die nicht mehr hält, was sie verspricht,
die in sich zusammenbricht!
Blumen, Gräser, Sträucher, Bäume ...
werden Gegenstand der Träume!

Und die menschliche Gestalt – nur auf sich bedacht,
ohne Hoffnung, ohne Ziel,
ohne Lachen, ohne Wärme –
sucht Verwirklichung in Macht,
will erreichen durch Gewalt;
erkennt nicht mehr den Sinn des Lebens,
Zerstörendes wird Ziel des Strebens!
Umwelt: Äcker, Wiesen, Felder ...
Schweigsam sterben unsere Wälder!
Lebensraum im engsten Kreise –
Sterben in lautloser Weise!
Stirbt der Wald, stirbt die Natur,
Tod für jede Kreatur!

Mensch, wo ist nun deine Macht?
Nicht im Schaffen, nicht im Bauen,
nicht im Lärmen, im Besitzen,
nicht im Zerstören, im Benützen ...
Nur im Achten, im Beschützen –
in der Ruh liegt deine Pracht!

WASSER

Verdunstung nennen wir die Kraft,
die für uns das Wasser schafft.
Mit den Wolken weit verfrachtet,
hat's der Mensch für sich gepachtet.

Nieder fällt's in Form von Regen,
bringt den Früchten reichen Segen.
Ein Teil muss durch den Boden reisen,
um Quell und Brunnen uns zu speisen.

Wo es dann zu finden ist,
unsre Leitung es erschließt,
bringt das Wasser in das Haus,
für jedermann, tagein, tagaus.

Wir verstehen es zu nutzen,
zum Trinken, Kochen, Waschen, Putzen,
verschmutzen es und schicken's fort,
zu einem sehr durchdachten Ort.

Dort wird das Wasser wieder rein,
Bakterien setzen wir als Helfer ein.
Fast sauberes Wasser geht zum Fluss,
doch Klärschlamm bleibt als Überschuss.

Ihn bringen wir auf's Feld.
Der Fluss sich selber sauber hält!
Sein Wasser plätschert hin zum Meer
und kehrt als Regen wieder her.

So fängt der Kreis von vorne an.
Der Mensch es oftmals nehmen kann,
für jede Pflanze, jedes Tier
ist das Wasser wied'rum hier.

Wir sollten schonen dieses Gut
und drosseln unsern Übermut,
denn Vielfalt braucht's in der Natur
und Pflege auch in Wald und Flur.

NUR MIT WASSER KANN
DIE UMWELT MAN GESTALTEN
UND DAS LEBEN SICH ERHALTEN!

JAHRESWECHSEL

JAHRESWECHSEL

Das Leben wär' einfach, wäre man glücklich ...
Das Leben wär' einfach, hätte man Geld ...
Das Leben wär' einfach, könnte man sagen,
was man von diesem und jenem so hält.
Das Leben wär' einfach, wär' man geborgen,
hätte man Freude statt vieler Sorgen.
Das Leben wär' einfach, könnte man haben,
was man sich alles so wünscht.
Das Leben wär' einfach ...

Das Leben ist einfach, wenn man's betrachtet,
nicht mit den Augen des Egoisten,
nicht mit den Augen des Materialisten,
nicht mit den Augen des Idealisten.
Lebt man die Freude, lebt man die Trauer,
fühlt man die Liebe, fühlt man den Schmerz –
und ist alles wirklich, ist es nicht Schein,
dann wird man sein.
Das Leben ist einfach ...

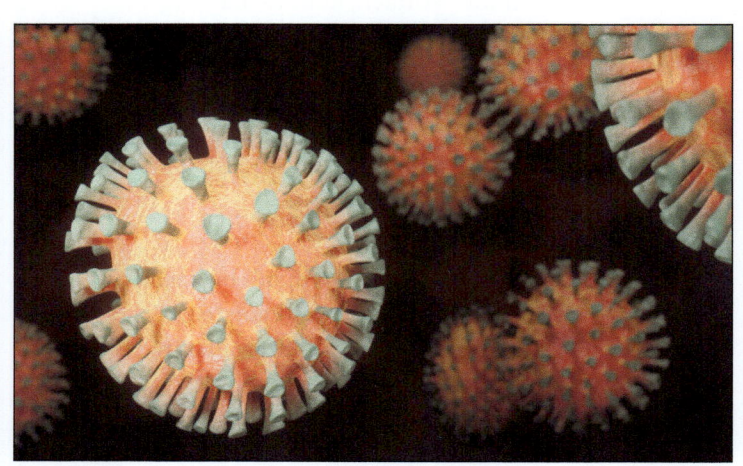

2020/21

... mit der Pandemie ringen

... viel Zeit zu Hause verbringen

... wegen Corona nicht reisen

... nur in der Umgebung mit dem Fahrrad kreisen

... den Lockdown wirklich hassen

... sich oftmals testen lassen

... die ersten Impfungen im Fernsehen sehen

... nur, wenn notwendig, einkaufen gehen

... immer ein bisschen vorsichtig sein

... sich über den medizinischen Fortschritt freuen

... auf die Wissenschaft bauen

... den Virologen vertrauen

... Corona-Leugner nicht unterstützen

... seriöse Nachrichtenquellen nützen

... Angst vor der Ansteckung haben

... in der Nähe von Menschen Masken tragen

... glücklicherweise die Pension erhalten

... die einsamen Tage mit Lesen gestalten

... oftmals Informationssendungen hören

... sich über Aussagen von Politikern empören

... extreme Ansichten verachten

... niemals auswärts übernachten

... Baby-Elefanten-Abstand halten

... Kreativität entfalten

... viel Zeit haben

... Neues wagen

... moderne Technologien nützen

... Hilfsprogramme unterstützen

... enge Kontakte vermeiden

... unter Einsamkeit leiden

... über bekannte Erkrankte berichten

... Schutzkleidung in Hülle und Fülle vernichten

... sich oft die Hände waschen

... Desinfektionsmittel erhaschen

... in diesen Tagen wenig lachen

... sich Gedanken über Todeszahlen machen

... Kleidung aus Katalogen bestellen

... sich die Tage mit Spaziergängen erhellen

... Gott sei Dank nicht im Altersheim wohnen

... hören, dass Ärzte die Triage betonen

... mit Freunden telefonieren

... mit Backen und Kochen imponieren

... sich um ein gutes Immunsystem bequemen

... Vitamin C und D einnehmen

... sich oft ohnmächtig fühlen

... putzend im Haus herumwühlen

... Tage mit gutem Essen gestalten

... zum Ausgleich Fasttage halten

... an die vielen Arbeitslosen denken

... die Aufmerksamkeit auf Kurzarbeit lenken

... ein wenig die Regeln hintergehen

... Familienmitglieder sehen

... Gewinner und Verlierer kennen

... Milliarden an Staatsschulden nennen

... sich nach freundschaftlichen Treffen sehnen

... die Krankheit oftmals erwähnen

... vulnerable Gruppen schützen

... RNA-Impfstoffe benützen

... die Inzidenz auf Ansteckungszahlen richten

... viele Existenzen vernichten

... FFP2-Masken verschenken

... die Aufmerksamkeit auf Homeschooling lenken

... sich wegen der Demos Sorgen machen

... depressiv sein und nicht mehr viel lachen

... Masken-, Test- und Impfverweigerer kennen

... Symptome der schweren Krankheit nennen

... über Virusmutationen nachdenken

... Freunden noch mehr Abstand schenken

... VON ALLEM BETROFFEN

... auf eine bessere Zukunft hoffen

... wieder nach vorne schauen

... auf das Können der Ärzte bauen

... FÜR DAS GESUNDBLEIBEN DANKEN

...in der Hoffnung auf bessere Zeiten nicht wanken!

UNANGENEHME GEFÜHLE

ENTTÄUSCHTE FREUNDSCHAFT

Da und dort – Gedanken immerfort!
Man fragt sich leise, was Freundschaft ist,
man antwortet weise, dass man soundso nichts vermisst,
dass die Sache nicht wichtig ist und man den Schmerz
vergisst ...

Man fragt, ob Freundschaft möglich ist,
wenn der andere keine Zeit hat,
nicht spricht,
Mühe spart und das Vertrauen bricht.

Freundschaft heißt doch, sein Wesen zeigen,
sich vor dem Leben in Ehrfurcht verneigen,
die Einmaligkeit des anderen achten,
ihn wie eine Blume betrachten.

Freundschaft heißt, sich um den anderen sorgen,
ihm Kraft für sein Leben borgen,
ihn aus der Enge heben
und ein Stück Freiraum geben.

Freundschaft heißt, sich zuwenden, Vertrauen spenden,
Gespräche pflegen, Gefühle hegen.
Achten und verstehen,
nicht verschwiegen alleine gehen.

Freundschaft heißt, sich selbst nicht vergraben,
nach dem Befinden des anderen fragen,
einen Besuch machen,
über den Frohsinn des anderen lachen.

Freundschaft heißt, ab und zu ein Lächeln schenken,
oftmals an den anderen denken
und dabei verspüren,
dass geöffnet sind Türen.

Freundschaft heißt, keine Wände bauen,
ehrlich in die Augen des anderen schauen,
die Angst vom anderen nehmen,
sich um positives Denken bequemen.

Freundschaft heißt, Werte sehen,
andere nicht mit Unsinnigem quälen,
materielle Dinge vergessen,
mit dem Maßstab der Liebe messen.

Freundschaft heißt, stehen auf eigenen Füßen,
nicht immer nur geben müssen,
nicht immer verlangen,
sondern in Freude empfangen.

Freundschaft ist, wenn man nicht kalkuliert,
ob dem anderen warm ist oder ob er friert,
Freunde wissen genau, was richtig ist,
was der andere gerade vermisst. – Freunde geben sich Leben.

Und schließlich antwortet man weise,
dass vieles nicht wichtig ist,
dass man den Schmerz vergisst,
weil man zum Freund geboren ist.

Freunde können nur Menschen sein,
die fähig sind zu lieben. Ein Freund bleibt dir immer,
du spürst seine Gegenwart,
wenn du im Gebet mit ihm sprichst.

Dies ist der einzig wahre Trost für Menschen,
die Enttäuschungen in Freundschaft
und Liebe verspüren.

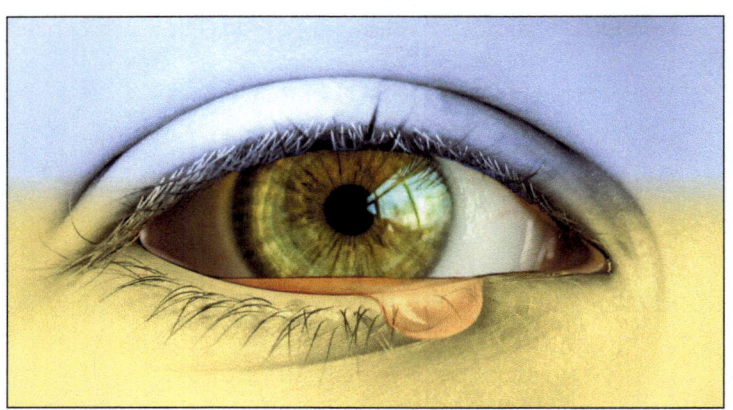

VERZWEIFLUNG

Glück und Unglück sind sich so nah wie Licht und Schatten,
wie Freud und Leid, wie Leben und Tod!
Kannst du mir verraten,
warum du nicht mit mir sprichst,
obwohl ich erzähle von den Dingen des Lichts,
von meiner Not.

Du spürst keine Zärtlichkeit,
tröstest mich nicht im Leid.
Stets bist du mir fern.
Du weißt nicht, dass ich mich quäle,
du hörst nicht den Ruf meiner Seele.
Hast du mich denn gern?

Verzweiflung ist ein Stück Tod inmitten des Lebens,
Reglosigkeit, Bedrohung, Unfähigkeit des Gebens,
Verlust des Vertrauens.
Sie ist Enge in Weite,
verdursten im Wasser,
ersticken an Land,
Bauwerk auf Sand.
Verzweiflung als Begleiter des Liebens?
Glaube und Hoffnung sind die Kräfte des Siegens!

FEIER MIT TRÜBSAL

Ich bin zum zweiten Male
in diesem Saale.
Es ist eine schwierige Sache,
die ich durchmache.

Sie war die erste Frau.
Sie wusste ganz genau,
wen sie wollte,
wer zu ihrer Feier sollte.

Ich war dabei.
Von ihren Neffen und Nichten fehlten drei.
Meine Kinder lud sie nicht zum Feste.
Sie hatte andere Gäste.

Sie hatte nicht mehr viel Zeit,
steckte tief im Leid.
Meine Kinder hätten ihr nichts verdorben.
Sie ist gestorben.

Nun bin ich zum zweiten Male
in diesem Saale.
Meine Kinder sind nicht dabei.
Es fehlen alle drei.

Die Hochzeit findet statt.
Neffen und Nichten der Braut essen sich satt.
Meine Kinder kommen nicht zum Feste.
Man hat andere Gäste.

Sie ist die zweite Frau.
Aber es bleibt ganz genau
so, wie es war.
Man ist sich nicht nah.

Er hat bestimmt,
wer Sympathie gewinnt.
Von meinen Kindern, es sind drei,
ist niemand dabei.

Ich will nicht zum dritten Mal
feiern in diesem Saal.
Es sollen andere Gäste
zu eurem Feste.

Aber ich bin deine Schwester,
mein Bester!
Wenn ich feiere Feste,
sind deine Kinder Gäste!

SCHWARZES TIER

Ach, schwarzes Tier,
was haben wir
dir angetan,
ich und mein Mann!

Du warst ganz benommen,
wärst fast zu Tode gekommen.
Hast viel Leid ertragen
in den letzten Tagen.

Ach, schwarzes Tier,
was haben wir
dir angetan,
ich und mein Mann.

Deine Krankheit
hat mich berührt.
Ich habe gespürt:
Du brauchst mehr
Obacht von mir.
Ich geb' sie dir!

Ach, schwarzes Tier,
was haben wir
dir angetan,
ich und mein Mann.

Deine Augen zeigen Treue!
Mein Guter, ich bereue,
dass ich dir nicht näher war
im letzten Jahr.

Ach, schwarzes Tier,
was haben wir
dir angetan,
ich und mein Mann.

Vergib mir, mein Hund,
in dieser sorgenvollen Stund'.
Ich will dir alles geben,
was du brauchst zum Leben.

Ach, schwarzes Tier,
was haben wir
dir angetan,
ich und mein Mann.

Du bist nicht mehr nur da.
Wir sind uns nah.
In Liebe und Vertrauen
wollen wir den Rest unserer Tage bauen.

Ach, schwarzes Tier,
was haben wir
dir angetan,
ich und mein Mann.

Lieber Hund!
Werd' wieder gesund!
Runden wollen wir gehen,
uns ohne Sprache verstehen!

Ach, schwarzes Tier,
wir haben mit dir
so viel Glück!
Komm zu uns zurück!

SISYPHUSVOGEL

Links hinten unter den Bäumen,
hängt meine Schaukel zum Träumen,
in der man den Vogel mit den Mücken bemerkt,
der mit der Futtersuche werkt.

Er bringt seinen Jungen das Getier:
Aufregung im Nest! Es sperren vier!
Raupen, Maden, Spinnen, Fliegen
in den Vogelschnäbeln liegen.

Die Kleinen um das Futter ringen,
das die Alten fleißig bringen.
Tag für Tag die gleiche Weis,
Nahrung durch der Eltern Fleiß!

Bald verlassen sie den Ort,
versuchen es zu fliegen fort!
Da aber beginnt des Dramas Lauf!
Gezwitscher weckt den Kater auf.

Ungeschicklichkeit der Kindheit als Falle!
Das Raubtier fängt die Jungen alle.
Ein paar Federn bewegt der Wind –
Erinnerung an das Vogelkind.

Doch das Pärchen brütet wieder.
Kleine Bällchen mit flauschigem Gefieder
sitzen im Nest und warten
auf Maden aus dem bunten Garten.

Wochen später ist es wieder so weit,
gewachsen, gestärkt und zum Fliegen bereit,
verlassen die Jungen das wärmende Nest.
Sogleich beginnt Katers Vogelfest!

Geschickt holt er sie aus dem Strauch,
beißt in den Bauch,
zerreißt das Vögelchen in Stücke.
Ein paar Federn zeugen von seinem Glücke!

Der Sommer ist lang.
Nach diesem vernichtenden Fang,
setzen sie sich im Dachgebälk nieder –
die Rotschwänzchen brüten wieder!

In der Hoffnung, dass es diesmal gelingt,
dass man den Nachwuchs über die Runden bringt.
Aber der Kater, er wacht,
sein Instinkt ihn zum Mörder macht!

Solange es am Hofe Katzen gibt,
es in der Natur der Sache liegt,
dass die Vögel vergeblich brüten,
weil Raubtiere grässlich wüten.

Und auch im nächsten Jahr
ist das Untier immer noch da!
Weiterhin werden die Vögel Eier legen
und sich in der Aufzucht fleißig bewegen!

Versuche, die Vögel zu schützen,
werden nicht nützen!
Will ich von meiner Schaukel weichen,
werden Nachbars Katzen um die Nester schleichen.

So beginnt das gleiche Spiel,
die Vogeleltern brüten viel.
Zu meinem Bedauern –
Katzen auf das Federvieh lauern.

Nur die Alten haben Glück.
Sie kommen wieder zurück!
Instinktiv machen sie alles gut,
liebevoll versorgen sie die Brut.

Sie haben gelernt, dass die Warnrufe heißen:
„Kater in der Nähe! Er will beißen!"
Sie fliegen hoch und kreisen weit oben,
lassen den Mörder unten toben.

Aber vielleicht gibt es auch den Moment,
wo der Kater außerhalb des Hofes umrennt,
wenn die Jungen schlüpfen
und auf den Boden hüpfen.

Dann hat in Gnade des Schicksals Macht,
der jungen Rotschwänzchen gedacht.
Sie lernen, in die Welt zu ziehen,
vor Katzen zu fliehen!

Sie lernen, Nester zu bauen,
auf ihr Glück zu vertrauen,
das Sisyphusdasein zu beenden,
das Schicksal zu wenden.

Sie fliegen zu einem Ort geschwind,
wo keine Räuber Haustiere sind.
Sie hüten ihre Brut,
ernähren den Nachwuchs gut.

Auch diese Jungen fliegen fort,
finden wieder den geschützten Ort,
wo man Nester bauen kann –
ohne Raubtierwahn!

ANGENEHME GEFÜHLE

MEIN PARADIES

Mein Paradies in Farben erstrahlt,
wie kein Maler auf Erden sie malt.
Es gibt viele Blumen,
um die Bienen summen.

Bunt und gescheckt,
vielfach gefleckt –
hell und dunkel –
ist das Gefunkel.

Oleander, Rose und Margerite
um Wasser und Sonne in täglicher Bitte!
Hunderte Nuancen von Grün
bringen alles zum Blüh'n.

Auf Granitplatten es zu Beeten geht,
vor Töpfen mit Bewunderung man steht,
man zupft, man jätet, man gießt,
damit alles wunderbar sprießt.

Ganz hinten die Weinrebe die Wand bedeckt,
wo sich ein Amselnest versteckt.
Nur wenn das Junge schnell lernt, was Fliegen heißt,
der Kater es nicht zu Tode beißt.

Mitten im Hof liegt oft der Hund,
er tut allen kund,
dass er der Wächter hier ist,
er zeigt, dass du willkommen bist.

Aus Holz eine Bank inmitten der Pracht. –
Liebe Tiere, habt Acht,
dass ihr nicht zerstört,
was mir gehört.

Links hinten zwischen den Bäumen
hängt eine Schaukel zum Träumen.
In der Bewegung du alles vergisst,
was auf Erden nicht friedvoll ist.

Aus dem Wintergarten Orchideen grüßen,
Sonnenstrahlen deine Haut warm küssen.
Du genießt des Himmels Blau
und beobachtest die Wolken genau.

Bunte Polster zum Sitzen
auf der Hofbank aufblitzen.
Sie laden ein zur Rast –
zum Vergessen der Hast.

So ein Garten auf Erden
zum Paradies kann werden.
Buntes Geblühe zu erblicken,
darf die Seele erquicken.

Inbegriffen ist auch das Vergehen,
schließlich will Neues entstehen.
Nichts bleibt auf dem gleichen Stand,
was mich mit den Pflanzen verband.

Im Herbst es in die Veränderung geht,
der Blumen Schönheit nur im Sommer besteht.
Manches wird durch Kälte verdorben
oder ist gar gestorben.

Aber zwischen Werden und Vergehen
darf ein Paradies entstehen.
So die Gewissheit dich umgibt,
dass Gott dich liebt.

URLAUB 2018

Urlaub buchen,
die Ostsee besuchen ...

im Autobus sitzen,
1000 km flitzen ...

ein paar Rätsel lösen,
ab und zu dösen ...

die Landschaft betrachten,
auf Besonderes achten ...

Dresden und Berlin umranden,
in Greifswald landen ...

das Hotel Mercure besetzen,
den Hals mit Begrüßungscocktail benetzen ...

Rügen umrunden,
die Inselgeschichte erkunden ...

ein Schiff besteigen,
sich zu den weißen Felsen neigen ...

Ansichtskarten kaufen,
zum Fischbrötchenstand laufen ...

Alleen sehen,
vor Weizenfeldern stehen ...

Stralsunds Schönheit erkunden,
Marktplätze von Städten umrunden ...

einen Tag später sich auf Usedom finden,
wegen der Hitze im Schatten verschwinden ...

Schritte sparen,
Tschu-Tschu-Bahn fahren ...

in den Kaiserbädern prominieren,
in Geschäften flanieren ...

auf Seebrücken stehen,
bunte Strandkörbe sehen ...

in die warme Ostsee steigen,
sich den Badenden zeigen ...

am Sandstrand spazieren,
Eisbecher probieren ...

Sandskulpturen fotografieren,
über den Künstler spekulieren ...

schnell ein Käffchen trinken,
Bekannten winken ...

auf Dars mit den Haaren
die Windstärke messen,
im Fischerdorf
Sanddorntorte essen ...

zu den Sanddünen gehen,
vor den Häusern
mit Strohdächern stehen ...

am Meer zum Horizont blicken,
Grüße und Fotos nach Hause schicken ...

zu den brütenden Störchen rennen,
Seebüffel in den Sümpfen erkennen ...

am nächsten Morgen die Fähre besteigen,
sich über die Brüstung neigen ...

Hiddensee ereilen,
in der Pferdekutsche verweilen ...

zum Leuchtturm gehen,
große Hitze überstehen ...

sich am Panorama erquicken,
vor Durst fast ersticken ...

ein Plätzchen im Schatten anstreben,
mit Lachs und Sanddorn gut leben ...

nach sechs Tagen die Reise beenden,
andere mit den Eindrücken blenden ...

nun weiter sinnieren,
die Klimaanlagenerkrankung auskurieren ...

oft an Mecklenburg-Vorpommern denken,
dem Erlebten Aufmerksamkeit schenken ...

über die Reise Positives sagen,
sich nächstes Jahr
in ein anderes Land wagen ...

BESINNLICHES

WAS IST GNADE?

Alles, was Gott für dich lenkt,
alles, was er in Liebe dir schenkt, ist Gnade!
Gnade ist Jesus, Vergebung der Sünde zu jeder Zeit,
Gnade ist alles, was dich erfreut.
Dein Talent und dein Leben
sind dir in Gnade gegeben.
Gnade ist die Erkenntnis, dass es Gott gibt,
dass er dich immer und ewiglich liebt.
Gnade ist deine Gesundheit, ist deine Kraft,
in Gnade steckt jeder, der mit dir schafft.
Gnade ist Wissen, ist Fühlen, ist Licht,
Gnade ist es, wenn du im Gebet zu Gott sprichst.
Gnade ist aber auch deine Not,
weil du daran reifst und erkennst das Gebot.
Gnade ist Liebe, ist Freundschaft, ist Lachen,
Gnade steckt einfach in allen Sachen!
Der Tag, die Sonne, die Wärme, die Welt –
geschaffen in Gnade;
Gnade auch dort, wo ein Mensch zu dir steht.
Gnade in Hülle und Fülle.
Gnade auch im Wort: „Herr, es geschehe dein Wille."
Gnade ist es, wenn man an andere denkt,
sie in Freundschaft und Ehrlichkeit lenkt.
Der Wald, die Wiese, das Wasser, die Luft –
Überall Gnade, die zu uns ruft:
Wo Wesen sich regen, ist Gottes Segen!
Danket dem Herrn für alle Geschenke!
Und du Mensch bedenke: „Alles ist Gnade!"

GESTERN-HEUTE-MORGEN

Gestern war ich ein Kind.
Vater und Mutter waren nah
und doch nicht da.
Ich war verloren,
aber dennoch geboren.

Im Heute verspürte ich Kraft.
Ich legte mir manche Strategie zurecht
und zog ins Gefecht.
Ich wollte dies, ich wollte das.
Ich trieb, und ich wurde getrieben.
Das Leben machte zu schaffen
mit seinen Hieben.
Die Welt veränderte mich.

Und dann kam der Morgen. Ich fand das Licht,
von dem die Menschheit spricht.
Ich lernte zu lieben, zu glauben,
mit den Menschen zu sprechen,
mit ihnen zu bauen,
einfach auf Gott zu vertrauen.
Aus der Leere war der Sinn geboren,
ich bin nicht mehr verloren.

STEINE

Steine hab' ich mir aufgeladen!
Ich hab' sie auf meinem Rücken getragen.
Nun will ich sie nicht mehr!
Eine Lösung muss her!

Ich bin empört!
So mancher Felsbrocken mir nicht gehört!
Ich leg ihn vor deine Tür,
weil ich zu viel Druck auf mir spür.

Dann aber hab' ich Bedenken.
Belastung sollte man niemandem schenken!
Heimlich hol' ich die Steine wieder,
und schmeiß sie auf einen Haufen nieder.

Der Haufen gefällt mir nicht,
es ist meine Pflicht,
mit den Steinen etwas zu gestalten.
Ich hab' sie für ein Kunstwerk erhalten!

So muss ich ein paar
von den felsigen Stücken
ernsthaft verrücken!
Spiralig fang ich an,
dass ich Stein an Stein legen kann.

Mit den kleinen wird ein Mosaik erdacht,
dann wird mit den großen ein Platz gemacht.
Darauf stehen Tische und Bänke
für Frohsinn und Ränke,
für Begegnung und Findung
zur Grenzüberwindung!

Hier weilt man dann ohne Hast!
Hier feiert man des Lebens Rast!
Immer mehr Steine werden genommen,
man will damit in die Weite kommen!

Ein großer Felsen sich nicht bewegen lässt,
er stört mein Lebensfest!
An ihm drücke ich vergeblich!
Er ist unantastbar, unbeweglich!

Sofort fällt mir ein,
das kann nur der Sockel für
ein Kunstwerk sein!
Ich nehme Stein um Stein
und pflastere den Sockel
rundum ein.

Nun werfe ich einen zufriedenen Blick
auf das unverrückbare Stück!
An dieser Straße ich immer
weiterbauen kann!
Stein um Stein leg' ich an!

Meine Spirale breitet sich aus
im Erdenhaus.
Felsen sind zu umrunden,
Engen sind überwunden!
Kreatives Gestalten darf
das Seelenheil erhalten!

ÜBER DEN TOD HINAUS ...

Wunderbar!
Du bist mir nah –
über den Tod hinaus.

Zu Dank verpflichtet bin ich dir!
Du gabst mir:
Leben in einer trostlosen Welt.

Vor Liebe erstarrt
haben wir uns genarrt.
Süchte standen uns im Weg.

Du hast es gewagt,
mir Dinge gesagt,
die mich zum Nachdenken brachten.

Meine Seele hing an dir,
sie suchte das Wir,
sie reifte an unserer Beziehung.

Es war, wie es war:
Problemfelder waren da.
Nie konnte man sich finden.

Unsere Augen hatten ihre Sprachen –
es war ein wunderbares Beachten –
ohne Verschmelzung in dieser Welt.

Ein plötzlicher Tod hat dich aus dem Leben gerissen!
Ich muss dich schmerzlich vermissen.
Dein großartiger Geist fehlt mir sehr.

Und du bist es wieder, der mich erregt,
der meine Seele bewegt:
Ich höre deine Botschaft.

Tanz wieder mehr!
Sei nicht so leer!
Um mir das zu sagen, bist du gekommen.

Ich hab' es verstanden.
Es ist wieder etwas entstanden:
Kraft für das weitere Leben gibst du mir.

MITMENSCHEN

ILJA

Komm, sei bereit
für die gemeinsame Zeit!

Du musst aus dem Bauche schlüpfen,
ins Erdendasein hüpfen.

Quäl deine Mutter nicht mehr,
sie trägt schon so schwer!

Ilja, sei bereit
für die gemeinsame Zeit.

TAUFE VON ILJA PAUL

Seit einem Dreivierteljahr
bist du da.
Ein Kind, wie du es bist,
das Wunder auf Erden ist.

Dein kleiner Saugemund
Zufriedenheit tut kund.
Deine Augen – wunderbar blau –
zeigen des Sonnenhimmels Farbe genau.

Schon wirklich geschickt du bist,
Krabbeln deine Fortbewegung ist.
Du meldest dich auch schon zu Wort
mit Geplapper immerfort.

Zur Taufe trägst du Hose und Hemd,
jeder „kleiner Mann" dich nennt.
Als Sonnenschein in diesem Kreise
feierst du auf deine Weise.

FREUNDIN

Kopfschüttelnd steh ich in deinem Garten.
Was geschehen ist, war nicht zu erwarten.
Bei meinem letzten Besuch bei dir,
war dein Lachen noch hier.

Du warst so voller Leben.
Warum dieses Erbeben?
Hast du wirklich kein Glück?
Willst du nicht zu uns zurück?

Oder stehst du an der Wende?
Ist dein Leben zu Ende?

LEBENSPARTNER

Du sagst, sein Haar sehe nicht gepflegt aus.
Du bist auch der Meinung, dass
er sich besser kleiden könnte.
Du betonst, er müsste etwas für seine Bildung tun.
Du bemerkst auch, dass es ihm an Höflichkeit fehle.
Du denkst, er sollte mehr unternehmen.
Du glaubst auch, dass
er großzügiger sein könnte ...
Aber er ist, wie er ist!

Er ist der, der mich liebt,
der mir ein Zuhause gibt.
Er ist der, der mit mir lacht,
der mir Komplimente macht.
Er ist der, der meine Hand nimmt,
der mit mir Neues beginnt.
Er ist der, der mir Einfachheit zeigt,
der über meine Schwächen schweigt.
Er ist der, der gern erzählt,
der mich nicht mit Unsinnigem quält.
Er ist der, der die Hand um mich legt,
der mich zum Nachdenken anregt.
Er ist der, der vieles versteht,
der mit mir durchs Leben geht.
Er ist der, der unterstützt,
der mich vor Angriffen schützt.

Er ist der, an dessen Schulter ich lehne,
dessen Wärme ich ersehne.
Er ist der, der nicht nach den Sternen greift,
an dessen Realität man reift.
Er ist der, der auf Menschen zugeht,
der ihre Anliegen versteht.
Er ist der, der nichts Unnötiges tut,
an dessen Seite man ruht.
Er ist der, der gern werkt,
an dessen Händen man Geschicklichkeit merkt.
Er ist der, der den nicht versteht,
der seinen Weg in Besitzgier geht.
Er ist der, der auf Gott vertraut,
der mit Menschen Paradiese baut.
Er ist der, der Falschheit scheut,
der keine seiner Taten bereut.
Er ist der, der keine großen Dramen kennt,
der nicht Gewinn und Verdienst nachrennt.
Er ist nicht der Egoist,
dem nur sein Selbst wichtig ist.
Er ist der, der das Leben achtet,
der sich als Teil der Natur betrachtet.
Er ist der, der im Sein ruht,
er tut mir gut.

BESCHÄFTIGUNG MIT DEM EIGENEN KÖRPER

AN MEINEN KÖRPER

Schon als die Samenzelle zur Eizelle fand,
deine Form und Struktur entstand.
Mein lieber Körper, das ist genial,
für mich bist du ideal.

Meinem Geist und meiner Seele
bist du ein Zuhaus,
Ideen, dich zu schützen, gehen dir nie aus.
Mein Körper, du bist grandios!
Wie machst du das bloß!

Noch ganz klein musstest du
vieles allein gestalten,
Träume haben dich am Leben erhalten.
Mein lieber Körper, du warst voller Energie.
Danke, das vergess ich dir nie!

Man hat dich selten gehätschelt, verdammt,
eher vieles von dir verlangt.
Mein lieber Körper, das war dir zu viel,
oft musstest du tun, was der andere will.

Macht war ein großes Thema
im Familienschema.
Mein lieber Körper, du wurdest geschlagen
in Kindertagen.

Man hat dir Würde aberkannt,
dich Fettarsch genannt.
Mein lieber Körper, vergiss,
was einmal gewesen ist.

Du hast mich mit Emotionen gerüttelt,
in Tränen und Trauer geschüttelt.
Mein lieber Körper, mir ist klar,
dass das Leben war.

Mit Fresssucht musstest du dich plagen,
solltest lieber punktgenau Richtiges sagen.
Mein lieber Körper, es war, wie es war,
die Adipositas ist da.

Du hast eine Zehnteltonne gewogen,
das hat dir den Nerv gezogen.
Mein Verstand vor Schaudern erbebt!
Mein Körper, du hast überlebt.

Du hast drei Kinder getragen
in Schwangerschaftstagen.
Du hast Geburten abgerollt!
Mein lieber Körper,
Bewunderung man dir zollt.

Medizinisch hat man dich geschnitten,
an dir geschabt, dich gestochen.
Dein Wohl hat das nicht gebrochen.
Mein Körper, du warst wunderbar!
Hochachtung ist für dich da.

Dich haben viele Sorgen gepackt,
du hast Steine in der Gallenblase eingesackt.
Nun hat man dich von Altem befreit,
mein lieber Körper, sei zum Leben bereit.

Oft war ich bequem,
Kontakte waren mir unangenehm.
Mein lieber Körper sei bereit
für eine ganz neue Zeit.

Du hast immer gewollt, dass ich mich bewege.
Ich verstand den Befehl, er lautete: „Lebe!"
Mein lieber Körper, diese Gewalten,
haben mir das Leben erhalten.

Du standest immer unter besonderem Schutz,
hast dich gewehrt gegen jeglichen Schmutz.
Mein lieber Körper, mit Alkohol und Drogen
Hab' ich dich niemals belogen.

Leicht hat der Schlag dich getroffen,
es blieb nur zu hoffen,
dass du schnell reparierst,
was du in Krankheit gebierst.
Mein guter Körper,
du hast Großes gemeistert!
Ich bin begeistert!

Leider konnt' ich es selber kaum,
ich brauchte die himmlischen
Kräfte und den Traum,
damit sie diesen Körper schützen,
den Geist und Seele benützen.
Mein lieber Körper, vergib!
Endlich hab ich dich lieb!

Trotzdem ist es wie bei allem,
du wirst am Ende zerfallen!
Aber bis dahin ist es noch weit,
mein lieber Körper, lass dir Zeit!

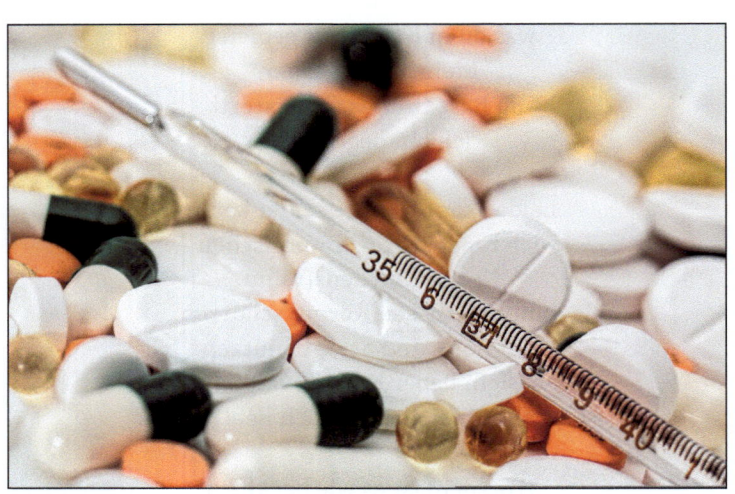

MEDIZINISCHE WEGE

Erschöpft lass ich mich nieder,
mir ist alles zuwider!
Denn etwas unter dem Herzen,
da sitzen die Schmerzen!

Ein Blutbild wird gemacht.
Der Doktor, er lacht.
Er meint, dass alles in Ordnung sei,
bloß leichte Entzündungswerte wären dabei.

Weiteres frag ich dann an,
was ich mit dem Arm machen kann.
Die Bewegungsfreiheit – eingeschränkt wie noch nie!
Auf geht's zur physikalischen Therapie.

Mich immer wieder Verspannungen packen –
rechts am Auge, am Kopf, am Arm und am Nacken!
Das ist die Symptomkette!
Ich wette!

Der Arzt meint, es wär' auch ganz gut,
wenn man den Darm spiegeln tut.
Der Internist entfernt, dass Krebs ich nicht bekomm,
einen Polypen und ein Adenom.

Alternativ wär' da auch was zum Machen.
Sollte ich die Fußreflexmasseurin wieder beachten?
Sie reibt und drückt, ruft dann entzückt:
„Du hast Steine, große und kleine!"

So verordnet die Fee:
Hirschzungentee!
Und auf ihr Geheiß
esse ich Gemüse und Reis.

Gleich geht es mir besser.
Aber als starker Esser
gibt jedes kleine Fest
mir wieder den Rest.

Soll ich jetzt noch etwas ertragen
und spiegeln den Magen?
Dass der Drang nach Gutem
noch nicht ist vorbei,
das zeigt auch Adipositas III.

Schau auch noch schnell die Psychosomatik an.
Frag, ob Lernschritte diese vermitteln kann.
Und sofort ist klar,
dass zu gierig ich war.

Warum bin ich so geboren?
Wann hab ich das Maß verloren?
Hab mich verhärtet, bin voll verbittert,
weil's in meinem Innern gewittert.

So komm ich zum Schluss:
Die Gallenfunktion ist
nicht mehr im Fluss.
Aber nicht wirklich befangen,
werde ich zur Einsicht gelangen.

Ich werde mich äußern,
werde mich verändern, nicht hassen,
nicht ärgern, nicht kränken,
nicht beleidigen lassen.
Nicht alles ertragen,
einfach was sagen!
In diesen Tagen.

So reift der Entschluss,
dass etwas geschehen muss.
Nur der Chirurg macht's jetzt besser!
Bald geht's unters Messer!

HOHES GEWICHT

Mein hohes Gewicht
ist für jeden in Sicht.
Es bleibt mir die Wahl:
Verantwortung oder Qual!

„Du bist,
was du isst!",
hört man immer wieder,
Esssucht oder Kontrolle,
was ist dir lieber?

Warum wird jemand dick?
Ist es sein Ungeschick?
Weiß er nicht, was er tut?
Hat er keinen Lebensmut?

Ich füttere in mich hinein wie nie,
Hilfe bietet nur eine Therapie!
Was verbirgt sich hinter der Masse?
Was hat so viel Macht,
dass ich das Essen nicht lasse!

Als Kind, so lieblich und klein,
war ich wegen der Arbeit der Eltern viel allein.
Das Einzige, was half in dieser Not,
war oft ein kleines Stück Brot.

Essen wurde für mein Wohl
ein für lange Zeit prägendes Symbol.
Nun reagiere ich wie der Pawlowsche Hund,
stecke alles Erreichbare in den Mund.

Nahrung ist es nicht, was mir fehlt.
Es ist auch nicht Wohlstand und Geld.
Verlassenheit, Langeweile und Angst vergehen dann,
wenn „das Kind in mir" essen kann.

Gefühle wollen befriedigt sein,
das geht ganz von allein
mit dem Essen, Essen, Essen,
denn Zuwendung für „die Kleine" hat man vergessen.

So haben sich zwei Dinge verknüpft,
sind ins Erwachsenenalter gehüpft.
Statt Ruhe, Geborgenheit, Zuwendung, Sicherheit und Liebe;
Gibt's Kalorien fürs Stoffwechselgetriebe.

Es ist nicht das Erbe, die Sucht,
die mangelnde Bewegung ...
Es ist die frühkindliche Begegnung.
Ach, es ist so gemein:
Was Eltern machen, müsste doch richtig sein.

Du kannst es nur beleuchten,
durchdenken, durchschauen.
Du darfst auf dich selbst vertrauen.
Du musst Verantwortung übernehmen
bei Ernährungsthemen.

Du isst nicht, um Geborgenheit zu erlangen.
Nur, um für den Körper Notwendiges zu empfangen.
Aber der Körper, er braucht nicht viel,
weil er statt Essen oft Wasser, Erholung oder Bewegung will.

Hast du diese Koppelung endlich durchbrochen,
kannst du dir Gesundes kochen.
Angstfrei kannst du alles essen,
die Waage wird keine Zunahme mehr messen.

Alle Gefühle müssen bereinigt sein.
Essen dient einzig und allein,
um die körperliche Gesundheit zu erhalten,
nicht, um die Befriedigung
von Gefühlen zu gestalten.

Dicksein hat keinen Vorteil mehr.
Unser Leben ist wirklich nicht schwer.
Wir wohnen in einem der reichsten Länder der Welt!
Angst vor Mangel uns nicht gefangen hält!

Hast du die Verknüpfung endlich kapiert,
kann es der Körper, dass er sich selbst repariert.
Visualisiere deine Ziele, sieh dich im Journal,
und beende deine Qual.
Die Speisen sind kein emotionales Rettungsboot,
„Essen hält gesund", lautet das Gebot.

Beim Essen aus Angst, Schuld und Scham
diese Zunahme begann.
Bedeutet Nahrung Belohnung,
Trost, Zuneigung, Sicherheit
ist dein Körper zum Zulegen bereit.

Du sollst nicht jammern und fluchen,
keine Diäten buchen.
Du sollst nur verstehen
und neue Wege gehen!

Lös das Gefühl von der Speise!
Beginn die aufregende Reise!
Du hast Essen im Überfluss!
Iss mit Genuss!

Du hast nicht viel Hunger, du brauchst nicht viel,
weil der Körper nur ernährt werden will.
Gefühle musst du anderswie hegen,
vielleicht solltest du Freundschaften pflegen.

Das große Leck beginnt mit der emotionalen Hypothek.
Der Erfolgreiche hat ein klares Ziel – er weiß, was er will.
Bewusst nimmt er Erforderliches in den Kauf.
Das Schlankwerden nimmt seinen Lauf.

Die Devise lautet: Entstressen!
Erst, wenn es dir gut geht, dann essen.
Deine Seele braucht keine Speisen!
Sie möchte mit Bewusstheit durchs Leben reisen.

Du bist in der Lage, Stärkere zu akzeptieren,
Ängste und Mangelgefühle zu transformieren.
Fühlst du dich sicher und gut,
sinkt dein Gewicht zugunsten von Lebensmut.

So schließt sich der Kreis.
Es ist gut, dass du es weißt!
Gefühle entkoppeln vom Essen –
Nahrung kann niemals entstressen!

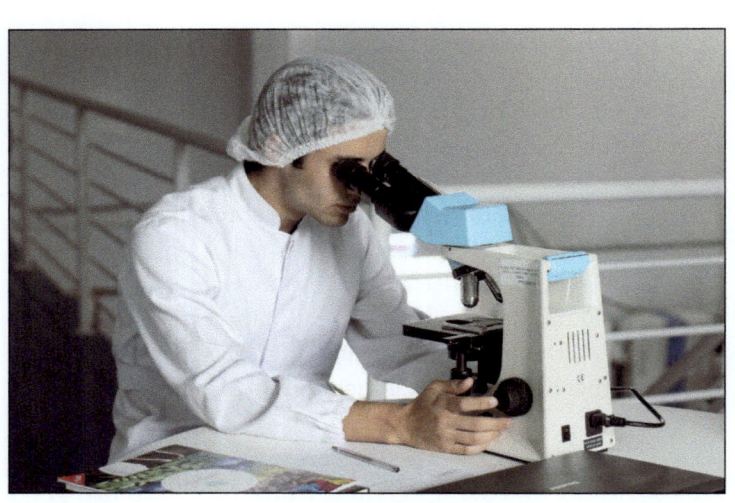

AUF DER UROLOGIE

Eines Nachts, ich kann es kaum fassen:
Es schmerzt beim Harnlassen!
In der Kloschüssel ist Blut,
das stimmt mich nicht gut.

So geh ich – noch vital –
gleich ins Spital.
Such gezielt wie noch nie
die Urologie.

Da gibt's mehrere Harnkandidaten,
deshalb muss ich warten,
bis die Schwester aus der Koje rennt
und meinen Namen nennt.

Dem stattlichen Doktor wird erzählt,
was mich so quält.
Er denkt und meint dann:
„Das schauen wir uns an!"

Den Katheder er setzt,
ein Mikroskopplättchen mit Harn er benetzt.
Er kommentiert, dass man sagen kann, was man will,
Bakterien treiben ihr Spiel.

Drei Päckchen Medikamente er verschreibt,
damit man die Bösewichter vertreibt.
Nun muss ich mich bequemen
und die Antibiotika richtig nehmen.

Aber falls die Mikroorganismen resistent wären,
würden sie sich weiter vermehren.
Zum Glück stelle ich fest,
das Medikament gibt den Biestern den Rest.

So sich alles zum Guten wendet,
man Grüße an den Doktor sendet,
trotz fescher Ärzte, mitnichten:
Auf die Urologie
will ich in Zukunft verzichten!

Die Autorin

Ria Klemmer hat schon vieles erlebt. Die gebürtige
Österreicherin wurde 1954 in eine Bauernfamilie
hineingeboren. So war ihre frühe Kindheit gezeich-
net von hart arbeitenden Eltern, die ihren Kindern
nicht viel Zeit opfern und Gehör schenken konnten.
Zum Glück konnte sich die Autorin auf ihre Groß-
eltern verlassen und darauf, dass die ganze Fami-
lie die Bildung der Kleinen sehr ernst nahm. So ist
es kein Wunder, dass Klemmer eine pädagogische
Ausbildung machte und schließlich selbst den kom-
menden Generationen ihr Wissen vermittelte.
Die Mutter von drei inzwischen erwachsenen Kin-
dern musste trotzdem vielen schwierigen Situatio-
nen standhalten, doch bewerkstelligte dank ihrer
Fähigkeit, ihren Gefühlen auf dem Papier freien
Lauf zu lassen jede noch so quälende Herausforde-
rung. Zusätzlich zieht sie auch viel Kraft und Ver-
gnügen aus ihrer Gartenarbeit, genießt die Freiheit
beim Fahrradfahren und liebt es zu lesen.

Der Verlag

Wer aufhört
besser zu werden,
hat aufgehört
gut zu sein!

Basierend auf diesem Motto ist es dem novum Verlag
ein Anliegen, neue Manuskripte aufzuspüren, zu ver-
öffentlichen und deren Autoren langfristig zu fördern.
Mittlerweile gilt der 1997 gegründete und mehrfach
prämierte Verlag als Spezialist für Neuautoren in
Deutschland, Österreich und der Schweiz.

Für jedes neue Manuskript wird innerhalb we-
niger Wochen eine kostenfreie, unverbindliche
Lektorats-Prüfung erstellt.

Weitere Informationen zum Verlag und
seinen Büchern finden Sie im Internet unter:

w w w . n o v u m v e r l a g . c o m